Je kan het

Je kan het

Je kan het

Jasmin Hajro

Voor Esmina,
het dochtertje van mijn zusje.
Je bent nou pas 2 jaar oud.
Hopelijk zul je ook gaan houden van boeken lezen
en lees je dit boekje
misschien wel een keer.
Ik hoop dat mijn boeken heel goed gaan verkopen
dat ik er veel mensen mee help,
en dat ervan
je studie en een huis
betaald kunnen worden.
Zodat je minder zorgen hebt.
Ljubi dajdza

hey hallo
hoe gaat het met jou ?
Bedankt dat je een van mijn schrijfwerken overweegt te gaan lezen.
Als je mij en mijn werk voor het eerst tegenkomt..
Ik ben Jasmin Hajro, 34 jaar en woon in Doetinchem, Nederland.
Ik ben geboren in Bosnie en we zijn daar uit de oorlog gevlucht
toen ik 10 jaar oud was.
Ik heb hier in Nederland op school gezeten en
een mavo diploma behaald.
Daarna heb ik verschillende baantjes gehad
via uitzendbureau's
meestal was het productiewerk.
Ik ben mijn eerste bedrijf : Jasko gestart op 17 december 2012
dat heb ik 3 jaar volgehouden
en ik heb er nauwelijks iets mee verdient.
Mijn 2de bedrijf : Hajro ben ik gestart op 1 september 2015
ik verdien er enkel honderden euro's per maand mee
het is ondertussen een bv geworden
Hajro bv
mijn beste maand was in november 2019
met E 662,- euro omzet
Je kan er alles over vinden op www.hajro.eu
of op de backup website
https://hajro-shop5.webnode.nl/

Mijn auteur website
met mijn boeken en meer info over mij
plus alle winkels waar je mijn boeken kunt kopen
vind je op
www.jasminhajro.nl

Ik schrijf al meer dan 10 jaar
in journals (soort dagboeken)
enkele jaren geleden heb ik besloten mijn schrijfwerk te publiceren.
Sindsdien heb ik vele boeken, boekjes en bundels uitgebracht.

Dit is trouwens een whitepaper
dan weet je alvast dat je niet op meer dan 10 bladzijdes hoeft te rekenen

We gingen er vaker heen..
misschien wel elke week..
iets kleins kopen
zoals een blikje fris…
langs de kassa
als de cassiere niet keek
gauw een pakje sigaretten
in je mouw steken…

Had ik het echt nodig ?
Het was meer voor de kick denk ik..

Vele gestolen pakjes later
werd ik aangehouden

Ik sloeg de bedrijfsleider met een blikje fris op zijn hoofd
en wou wegrennen..
er ontstond een worsteling
uiteindelijk lag ik daar op de grond met een voet in mijn rug
en kwam de politie me ophalen…

Ik werd veroordeeld voor diefstal en geweldpleging
en heb iets van 2 maanden vastgezeten.

Om daarna het nooit meer te doen
en mijn leven te beteren
Nou respecteer ik mensen die werken en heb ik een hekel aan dieven en stelen.

Je kan fouten maken en je leven veranderen
Je kan het

Hij zat de vriendin van een goede vriend van mij te pesten
op school en had cola over haar heen gegooid..

Wij naar die school toe
om hem een lesje te leren..

We sloegen hem
hard en vaak
en met een scooter helm op het hoofd…

En gingen daarna weg..

Ik werd veroordeeld voor zware mishandeling
en heb iets van 6 maanden vast gezeten…

Het meisje had gelogen, die jongen had haar niks gedaan…

Je kan van je leven een puinzooi maken..
En daarna veranderen
en de dingen die je deed
nooit meer doen.

Je kan het

We dronken tequila
zwaar spul…

ik kan het me niet meer goed herinneren..

Maar blijkbaar heb ik in iemands tuin geplast
en gezegd dat ik zijn huis in de fik zou steken…

Daarna heb ik tegen een agent gezegd dat ik hem zou vermoorden..

Ik kan het me nauwelijks herinneren…

Je kan veel drinken
omdat je je niet goed of gelukkig voelt
of heel verdrietig bent…
Je kan erdoor domme dingen doen
en vergeten wat je hebt gedaan…

Maar je kunt er ook mee stoppen
en gewoon je gevoelens voelen
en ermee verder leven
want uiteindelijk gaat de pijn zelf weg..
Je kan stoppen met drinken
en wat van je leven gaan maken

Je kan het

Ik had al wat biertjes gedronken
voor ik naar de discotheek ging
daar aangekomen
dronk ik verder
Ik zoop
wou gewoon zat worden..
leuk meisje gezien
en wou haar kussen
zij wou niet

Blijkbaar toch gekust

Ook daar werd ik voor veroordeeld
en kreeg een taakstraf…
Schoffelen
onderhoud van natuur in de stad
ik schaamde me kapot

Je kan domme dingen doen
door alcohol…
Maar je kan ook stoppen met drinken
en nooit meer zoiets doen.
Je kan veranderen
Je kan iets van je leven maken en iemand worden..
Je kan het

Ik heb in totaal 8 maanden vast gezeten
in gevangenissen voor de jeugd
en leef tegenwoordig als moeder Teresa
een heilige
Je kan veranderen als je wil
Je kan het

Je kan een bedrijf beginnen
waar je nauwelijks iets mee verdient
omdat je weinig weet van sales & marketing.
En in armoede leven
een aantal jaar

Je kan ermee stoppen
en een nieuw bedrijf starten
waar je wel wat mee verdient.
Je kan het

Je kan je schulden laten oplopen
omdat je weinig verdient
en meer schulden maken
en je slecht erover voelen

Je kan ook hard aan het werk gaan
om meer te verdienen
en iedere maand iets van je schulden afbetalen
Je kan het

Je kan een vriendin van je moeder neuken
herhaaldelijk

Je kan ermee stoppen
en iemand van je eigen leeftijd vinden
om mee te neuken
Je kan het

Je kan veel tijd op social media doorbrengen
veel tijd verspillen
Tijd die je nooit meer terug krijgt

Je kan ermee stoppen
en alleen 1 x per week op social media gaan zitten
Dan heb je veel meer tijd over

Je kan veel films gaan kijken en veel series
en veel tijd verspillen
aan het kijken naar mensen
die hun dromen realiseren

Je kan een doelen lijst maken
en hard aan het werk gaan
om jouw dromen te realiseren
En alleen nog naar de bioscoop gaan met iemand
en een leuke tijd hebben
Of maar een aantal keer per week
een film of serie kijken
om te ontspannen
Je kan het

Je kan stoppen met school
geen diploma hebben
en alleen nog maar productiewerk kunnen doen

Je kan ook weer gaan leren
via thuis studies
cursussen volgen
thuis of klassikaal
en de certificaten en diploma's halen
die je nodig hebt om genoeg geld te kunnen verdienen

Je kan zoveel xtc tabletten nemen
dat je ervan in coma belandt
heb ik ook gedaan..

Als je het geluk hebt dat je het overleefd
kun je beslissen
om nooit meer drugs te gebruiken
Heb ik ook gedaan..
Je kan het

Je kan je leven saai en niks aan vinden

Je kan beginnen met seminars en motiverende video's op youtube te kijken
en dankbaar te zijn voor je leven…
Je kan een lijstje maken van spannende dingen
die je wil doen
en beginnen met ze te doen
of ervoor te sparen om ze te doen.
Je kan het

Je kan het geld dat je hebt uitgeven
en wat je verdient kun je ook gelijk uitgeven
en blut de dagen doorbrengen
aan het einde van de maand..

Je kan ook beslissen om gelijk 10 % van al het geld dat je
krijgt
meteen te sparen
meteen als je het krijgt
bij een andere bank op jouw spaarrekening
en beslissen er nooit aan te komen
Je kan het

Je kan je zorgen maken over dingen en het leven
en jezelf stress en angst geven
en gespannen leven

Je kan ook beslissen om iedere dag iets motiverends te lezen of te beluisteren
en iedere dag comedy te kijken
en een beetje te lachen
dan verminder je stress
en zorgen
Ga aan het werk met je doelen en dromen
zodat je geen tijd hebt voor zorgen

Je kan de dagen voorbij laten gaan
af en toe een foto nemen…

Je kan ook beslissen om te schrijven in een leeg boek
over je dagen en je leven
En daar uiteindelijk een boek van maken
dat je publiceert als eboek en paperback

Je kan dingen en mensen vanzelfsprekend en gewoon vinden

Niks is vanzelfsprekend
wees dankbaar voor wat je hebt
wees dankbaar voor wie je hebt
Je kan je ouders iedere maand een cadeautje geven
omdat ze voor je gezorgd hebben

Je kan het

Je kan een nieuwe baan vinden
Je kan een nieuwe relatie beginnen
Je kan een nieuwe auto kopen
Je kan verhuizen en in een nieuwe plaats gaan wonen
Je kan je gewoontes veranderen en een nieuwe jij worden
Je kan sparen en beleggen voor een miljoen
Je kan je familie en vrienden koesteren en ze dat laten weten
Je kan de beste worden in je vak door studie en oefening
Je kan een nieuwe taal leren of 2
Je kan sterker door moeilijke tijden worden
Je kan oplossingen vinden voor problemen
Je kan een crisis doorkomen
Je kan beginnen met het schrijven van een boek
Je kan van je leven een puinhoop maken en in de goot belanden om daarna
als een heilige te gaan leven en wat van je leven te maken door ervoor te werken.

Werk is je beste vriend, onthou dat goed.

Je kan het

Je kan
nog een boekje lezen op de volgende bladzijdes

Word miljonair in sales

Voor Zlatan Atalay Bal,
mijn neefje.

Hallo jongeman
je bent nou nog niet eens 1 jaar oud terwijl ik dit schrijf.
Ik hoop dat als je later ouder bent
je mijn boeken gaat lezen
en er veel van leert en ervan geniet.
Maar ik hoop bovenal
dat mijn boeken het goed zullen doen
dat ze blijven verkopen,
ook nadat ik er niet meer ben.
Zodat ze je school, opleiding en een huisje
voor je kunnen betalen
met de opbrengst
van de boekenverkoop.
Want dan heb ik pas echt iets voor iemand gedaan.
Groetjes
je oom.
Jasmin Hajro
ondernemer & schrijver

hey hallo
hoe gaat het met jou ?
Bedankt dat je een van mijn schrijfwerken overweegt te gaan lezen.
Als je mij en mijn werk voor het eerst tegenkomt..
Ik ben Jasmin Hajro, 34 jaar en woon in Doetinchem, Nederland.
Ik ben geboren in Bosnie en we zijn daar uit de oorlog gevlucht
toen ik 10 jaar oud was.
Ik heb hier in Nederland op school gezeten en
een mavo diploma behaald.
Daarna heb ik verschillende baantjes gehad
via uitzendbureau's
meestal was het productiewerk.
Ik ben mijn eerste bedrijf : Jasko gestart op 17 december 2012
dat heb ik 3 jaar volgehouden
en ik heb er nauwelijks iets mee verdient.
Mijn 2de bedrijf : Hajro ben ik gestart op 1 september 2015
ik verdien er enkel honderden euro's per maand mee
het is ondertussen een bv geworden
Hajro bv
mijn beste maand was in november 2019
met E 662,- euro omzet
Je kan er alles over vinden op www.hajro.eu
of op de backup website
https://hajro-shop5.webnode.nl/

Mijn auteur website
met mijn boeken en meer info over mij
plus alle winkels waar je mijn boeken kunt kopen
vind je op
www.jasminhajro.nl

Ik schrijf al meer dan 10 jaar
in journals (soort dagboeken)
enkele jaren geleden heb ik besloten mijn schrijfwerk te publiceren.
Sindsdien heb ik vele boeken, boekjes en bundels uitgebracht.

Dit is trouwens een whitepaper
dan weet je alvast dat je niet op meer dan 10 bladzijdes hoeft te rekenen
(maar het gaat om de waarde, niet het aantal bladzijdes toch)

Sinds ik mijn 2de bedrijf ben gestart
loop ik setjes wenskaarten te verkopen
set van 5 wenskaarten plus enveloppen
voor eenmalig 5 eurotjes.

Simpel toch..

Tuurlijk
maar na een tijdje wou ik een mooie en grootse winkel
op het internet
een webwinkel
waar mensen leuk konden winkelen
leuke dingetjes bestellen
en Goede Doelen steunen
want dat doet mijn onderneming ook
We hebben nog ieder jaar enkele honderden euro's gedoneerd aan Goede Doelen.

En misschien ooit een keer een fysieke winkel
waar mensen naar binnen kunnen lopen
om te shoppen.

Wat dat bestellen betreft…
dat loopt niet storm
ik heb in al die jaren maar 2 bestellingen gehad..
De klant die had besteld was wel erg tevreden.

Een keer had iemand het domein van hajro.nl opgekocht
en kon ik opnieuw een website en webwinkel maken
en het domein veranderen op mijn visitekaartjes en flyers en boeken
heel gedoe
erg frustrerend.

Ik ben ook getaserd, iemand heeft iets in mijn hersenen gestoken
net boven mijn oog en ik ben regelmatig bestolen…

That's reality for ya

Nog niemand heeft er gesolliciteerd

Misschien willen mensen een vast salaris en
niet op commissie werken
of in de regen en sneeuw langs de deuren gaan…

Ik doe het al 4,5 jaar

ik heb vroeger maar bij 1 bedrijf zo lang gewerkt,
dat was in een restaurant.

Ik had ook mijn bedrijf
de eenmanszaak
tijdelijk overgedragen aan mijn zusjes bedrijf
zodat ik een uitkering kon aanvragen
ik kreeg geen uitkering
en zij schreef zich uit bij de Kamer van Koophandel
zodat zij een uitkering/bijstand kon aanvragen
want ze had een klein kind
en was weer zwanger

Toen was mijn bedrijf weg
officieel
Ik heb de bv op 3 december 2019 opgericht..
de Hajro bv
Net zoals Dirk Kat
toen zijn winkel weg was
vernietigd in de oorlog
en die die weer opnieuw heeft opgebouwd.

Zo heb ik het ook gedaan.

We hebben inmiddels unieke wenskaarten
ik heb ze zelf ontworpen
ik zeg we
want ik heb ook een aantal bezorgers
ze bezorgen onze flyers en folders
de reclame.

Ik heb trouwens NIET eerst 10 jaar in loondienst gewerkt
en gespaard
om daarna mijn eigen bedrijf te beginnen
met start kapitaal

Ik heb ook GEEN financiering gekregen van de bank
al mijn aanvragen zijn afgewezen

Dus ik kon het ook niet enkele jaren uitzingen
met bijvoorbeeld E 30.000,-
op de bankrekening…

Ik moet naar buiten
tas pakken met producten en gaan lopen
mensen spreken
verkoop presentaties houden
en dan vind ik klanten
van die opbrengst moet ik alles betalen
het is een uitdaging
natuurlijk.
Er zit wel vooruitgang in

ik heb in 2019 maandelijks meer omgezet dan in 2018

Brian Tracy zegt :
It takes 7 years to master a skill or build a succesful business

Ik weet wel zeker dat dat klopt.

Interessante titel heeft deze whitepaper
vind je niet ?

Vind ik ook.

Misschien is deze whitepaper anders dan je gewend bent…
veel mensen schrijven
veel verschillende mensen schrijven..

Ik zou je wel aanraden om alleen boeken te lezen
van mensen die een eigen bedrijf hebben
die ervaring hebben met verkopen en ondernemen
en ervaring hebben met wat voor skill dan ook
waar jij meer over wil weten..

Er zijn trouwens wel meer dan 400 exemplaren van mijn boeken verkocht
het betreft dan wel gratis en betaalde titels..
Maar wel in een periode van in totaal 3 jaar
zie je
geen overnachtsucces.

Oh ja ,
misschien had ik erbij moeten zeggen
als ondernemen
en verkopen
niks voor jou is
dan is deze whitepaper ook niks voor jou.

Mooie wenskaart ?

Ik heb er al meer dan 740 stuks van verkocht !
Met huis aan huis verkoop
je weet wel
langs de deuren gaan bij mensen aanbellen
en verkopen (door2door sales)
De wenskaart zit in een set (plastic zakje) met nog 4 andere wenskaarten
Ik heb er dus meer dan 740 sets van verkocht.
Misschien vind je de kaart niet zo supermooi
dat maakt niet uit het was de eerste die ik zelf had ontworpen
gelukkig vinden heel veel klanten hem wel leuk.

5 euro per set x 740 sets = 3700,- euro

dus

als je 1 set verkoopt
heb je E 5,- euro

als je 1000 sets verkoopt
dan heb je E 5000,- euro

Hoe lang ga je eigenlijk werken
voordat je met pensioen gaat ??
Nog zo'n 30 of 40 jaar ?
Misschien wel langer…

als je 10.000 sets verkoopt
dan verdien je E 50.000,- eurie
ja je leest het goed

Als je 100.000 sets verkoopt
dan verdien je E 500.000,- euro

Je houdt wel van een wenskaartje toch ?
Leuk om te krijgen voor je verjaardag en voor kerst
en ook leuk om te sturen
Om iet van je te laten horen
aan mensen die je kent.

Als je 1.000.000 sets verkoopt
dan verdien je E 5.000.000,- euro

5 miljoen euro

dat red je wel in 30 of 40 jaar

kun je als miljonair gaan rentenieren

Maar
als je 1.000.000 sets verkoopt
en je verdient E 5.000.000,-
en je SPAART 1 euro
van iedere set die je verkoopt
dan hou je 1 miljoen over op je spaarrekening
terwijl je ondertussen goed kan leven.

Als je in sales (de verkoop) werkt
dan weet je wat je moet gaan doen

En als je een eigen bedrijf hebt,
dan weet je ook wat je moet doen.

Als je het broep wil leren
solliciteer dan waar je het kan leren
leren verkopen
huis aan huis
en begin aan je miljoen
of miljoenen.

En natuurlijk….
Als je erg gemotiveerd bent
omdat je bijvoorbeeld voor je familie wil zorgen…
En je verkoopt 10.000.000 sets
dan verdien je E 50.000.000,- euro
en als je van ieder set die je verkoopt
1 euro spaart
dan spaar je E 10 miljoen euro bij elkaar…

Hoe geweldig is dat ?

Hou wel er rekening mee
dat we in de realiteit leven
waar slechte shit
mensen overkomt
en dingen
zoals een miljoen verdienen
lang duren…

Maar dat zijn geen redenen om er niet voor te gaan…

Je leert vanzelf wel op te staan
nadat je bent gevallen.

Ik wens je veel succes

Misschien kom je wel met mij werken
of start je je eigen bedrijf.

Groetjes

Jasmin Hajro

Hartelijk gefeliciteerd

Gelukkige
verjaardag

Veel liefs
voor je
verjaardag

Proficiat

Stuur 'n kaartje

www.hajrobv.nl
&
www.hajro.shop

Super bedankt

je bent de beste

Stuur 'n kaartje

www.hajrobv.nl
&
www.hajro.shop

Gefeliciteerd
geniet van je dag

www.hajro.eu

www.jasminhajro.nl

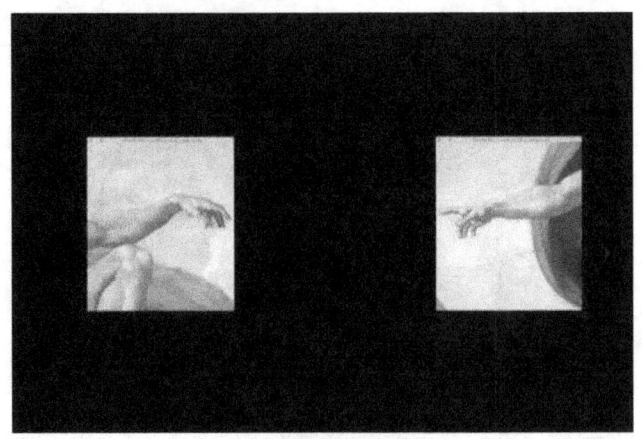

**God
bless
you**

**Sretan
ti
rođendan**

www.hajro.eu

www.jasminhajro.nl

Stuur 'n kaartje

Happy
birthday

www.hajrobv.nl
&
www.hajro.shop

Stuur 'n kaartje

www.hajrobv.nl
&
www.hajro.shop

Fijne   feestdagen
&
een
gelukkig nieuwjaar gewenst

Stuur 'n kaartje

Prettige
feestdagen
&
alvast een
gelukkig
nieuwjaar

www.hajrobv.nl
&
www.hajro.shop

Stuur 'n kaartje

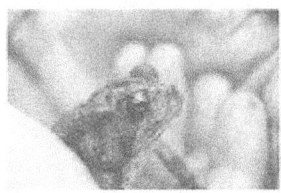

www.hajrobv.nl
&
www.hajro.shop

Een
opkikkertje
voor jou

Stuur 'n kaartje

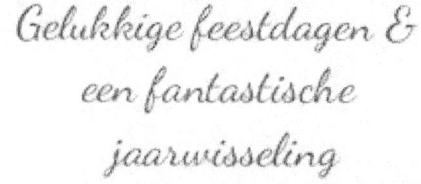

www.hajrobv.nl
&
www.hajro.shop

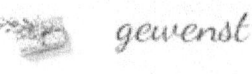  

www.hajro.eu

www.jasminhajro.nl

**do☐um günün
kutlu olsun
tebrikler**

Gefeliciteerd

maak er een geweldige

dag van

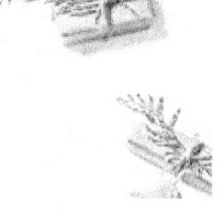

Happy birthday
to You

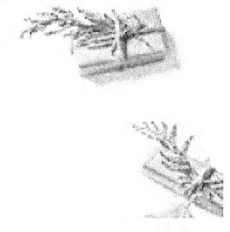

Stuur 'n kaartje

www.hajrobv.nl
&
www.hajro.shop

Veel beterschap

denk aan je vitamientjes

Stuur 'n kaartje

Veel sterkte

in deze moeilijke tijd

www.hajrobv.nl
&
www.hajro.shop

Stuur 'n kaartje

HAJRO-

www.hajrobv.nl
&
www.hajro.shop

Hey zonnestraaltje..

van harte
gefeliciteerd

Maak er een
stralende dag van

Aangeraden boeken :

Psychology of selling – Bran Tracy (paperback en audioboek)
de Ultieme Winnende Strategie, voor ondernemers – Jasmin Hajro
Sales Management – Brian Tracy
De pen die je 100.000,- euro oplevert – Jasmin Hajro
Secrets of closing the sale – Zig Ziglar
Wat het beste werkt ? Na 7 jaar ondernemen – Jasmin Hajro
No excuses Power of selfdiscipline – Brian Tracy
Wil je meer succes met huis aan huis verkopen – Jasmin Hajro
Unlimited sales success – Brian & Michael Tracy
Moeilijke tijden overwinnen – Jasmin Hajro

Met vriendelijke groeten

Jasmin Hajro

Hajro BV

KvK 76564770

Unieke wenskaarten,
cadeaugeschenken & boeken :

www.hajro.eu

Author website :
www.jasminhajro.nl